P9-ANZ-834

182230

Colores para comer

Alimentos negros

Isabel Thomas
Traducción de Paul Osborn

Heinemann Library
Chicago, Illinois

GRAND ISLAND PUBLIC LIBRARY

© 2005 Heinemann Library
a division of Reed Elsevier Inc.
Chicago, Illinois

Customer Service   888–454–2279
Visit our website at www.heinemannlibrary.com

All rights reserved. No part of this publication may be reproduced or transmitted in any form or by any means, electronic or mechanical, including photocopying, recording, taping, or any information storage and retrieval system, without permission in writing from the publisher.

Printed and bound in China by South China Printing Co. Ltd.

09 08 07 06 05
10 9 8 7 6 5 4 3 2 1

Library of Congress Cataloging-in-Publication Data
Thomas, Isabel, 1980-
  [Black foods. Spanish]
  Alimentos negros / Isabel Thomas.
     p. cm. -- (Colores para comer)
  Includes index.
  ISBN 1-4034-6338-7 (hardcover) -- ISBN 1-4034-6330-1 (paper)
   1. Food--Juvenile literature. 2. Black--Juvenile literature. I. Title. II. Colors we eat.
  Spanish.

TX355.T452518 2004
641.3--dc22
                                                                                            2004054377

Acknowledgments
The author and publisher are grateful to the following for permission to reproduce copyright material:
pp. 4, 5, 6, 7, 10, 11, 12, 13, 14, 15, 16, 17, 18, 19, 20, 21, 21 Tudor Photography/Heinemann Library; p. 8 David Mardsen/Anthony Blake Photo Library; p. 9 Gordon Maclean/OSF; p. 23 (root) Richard Shiell/OSF.

Cover photograph: Tudor Photography/Heinemann Library

Every effort has been made to contact copyright holders of any material reproduced in this book. Any omissions will be rectified in subsequent printings if notice is given to the publisher.

Special thanks to our advisory panel for their help in the preparation of this book:

Leah Radinsky,   Ursula Sexton,
Bilingual Teacher   Researcher, WestEd
Inter-American Magnet School   San Ramon, CA
Chicago, IL

Unas palabras están en negrita, **así.**
Las encontrarás en el glosario en fotos de la página 23.

Contenido

¿Has comido alimentos negros?

Estamos rodeados de colores.

Seguramente has comido alimentos de estos colores.

Hay frutas y verduras negras.

También hay otros alimentos negros.

¿Cuáles son algunos alimentos negros pequeños?

Algunas uvas son pequeñas y negras.

Las uvas crecen en racimos en **parras**.

Algunos frijoles son pequeños
y negros.

Los frijoles crecen en vainas.

¿Cuáles son otros alimentos negros pequeños?

Las grosellas negras son bayas pequeñas.

Se usan para hacer mermelada.

Las zarzamoras son dulces
y jugosas.

Crecen en arbustos.

¿Cuáles son algunos alimentos negros pequeñísimos?

Las semillas de girasol tienen rayas negras y blancas.

A los pájaros les encantan.

Las semillas de amapola son pequeñísimas.

Puedes verlas encima de algunos **bagels**.

¿Cuáles son algunos alimentos negros crujientes?

Los **granos** de pimienta son frutas secas pequeñitas.

Molemos los granos de pimienta para hacer pimienta molida.

Algunos **granos** de arroz son negros.

El arroz es duro y crujiente.

Cocinamos el arroz para ablandarlo.

¿Cuáles son algunos alimentos negros chiclosos?

El dulce de regaliz es suave y chicloso.

Su **sabor** viene de una **raíz** seca.

ciruela

uva

pasas

Las pasas son uvas y ciruelas secas.

Son dulces y chiclosas.

¿Cuáles son algunos alimentos negros raros?

Las vainas de vainilla son largas y delgadas.

Se usan para dar **sabor** a las comidas.

Las aceitunas son una fruta.

El aceite de olivo se extrae de las aceitunas.

¿Cuáles son algunos alimentos líquidos negros?

La salsa de soya se usa para cocinar.

Está hecha de semillas de soya.

Algunos tipos de melaza son negros.

Algunas personas la usan para hacer postres.

Receta negra y verde: Ensalada de frutas

Pídele a un adulto que te ayude.

Primero, corta algunos pedacitos de uvas negras, kiwis y maracuyás.

Luego mezcla todo en un tazón.

Agrega jugo de uva y yogur.

¡Disfruta tu ensalada de frutas
negra y verde!

Prueba

¿Sabes cómo se llaman estos alimentos negros?

Busca las respuestas en la página 24.

Glosario en fotos

bagel

página 11

tipo de pan redondo que tiene un hueco en el centro

sabor

páginas 14, 16

el gusto que tiene una comida

grano

páginas 13

fruta pequeña de una planta, como el arroz

moler

página 12

aplastar algo en pedacitos

raíz

página 14

parte de una planta que crece bajo tierra

parra

página 6

tipo de planta donde crecen las uvas

Nota a padres y maestros

Leer para buscar información es un aspecto importante del desarrollo de la lectoescritura. El aprendizaje empieza con una pregunta. Si usted alienta a los niños a hacerse preguntas sobre el mundo que los rodea, los ayudará a verse como investigadores. Cada capítulo de este libro empieza con una pregunta. Lean la pregunta juntos, miren las fotos y traten de contestar la pregunta. Después, lean y comprueben si sus predicciones son correctas. Piensen en otras preguntas sobre el tema y comenten dónde pueden buscar la respuesta. Ayude a los niños a usar el glosario en fotos y el índice para practicar nuevas destrezas de vocabulario y de investigación.

Índice

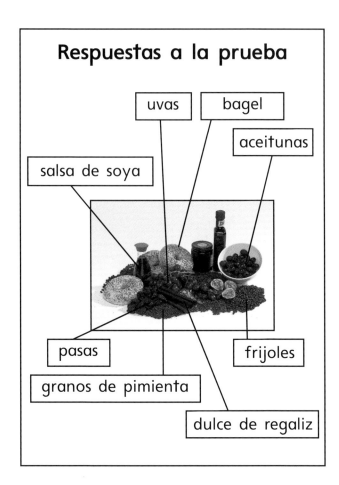

Respuestas a la prueba

uvas · bagel · aceitunas · salsa de soya · pasas · granos de pimienta · frijoles · dulce de regaliz

641.3 jT Spanish
Thomas, Isabel, 1980-
Alimentos negros

WITHDRAWN